शब्दों का भीगा नृत्य

मयूरम

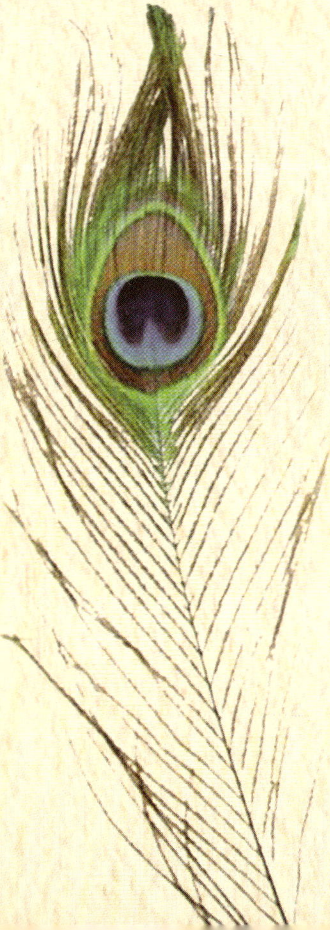

शब्दों का भीगा नृत्य

मयूरम्

नम्रता शाह दुबे

नाइन बुक्स
साहित्य के नवरस

नाइन बुक्स
साहित्य के नवरस
4695, 21-ए, दरियागंज, नयी दिल्ली 110 002
फ़ोन +91 11 23273167 फ़ैक्स : +91 11 23275710
sales@vaniprakashan.in

MAYURAM : SHABDON KA BHEEGA NRITYA
by Namrata Shah Dubey

ISBN : 978-93-90678-40-2
Poetry Collection

प्रथम संस्करण 2021
मूल्य : ₹ 595

आर. टेक ऑफ़सेट प्रिंटर्स, दिल्ली-110032 में मुद्रित

नाइन बुक्स (साहित्य के नवरस)
वाणी प्रकाशन का पॉपुलर उपक्रम

अनुक्रम

प्रेम तो संग है
न आदि है
न अन्त है

मौन साधना से
ग़र पा लिया तुम्हें
तो प्रेम अनन्त है।

सिर्फ़ तेरा प्रसाद छूने से
यह हाथ मासूम सरस हो गये
ग़र छूँ लू तुझे तो
कहीं पारस न हो जाऊँ।

ज़िन्दगी

ज़िन्दगी मुश्किल नहीं
बस एक कॉफ़ी का प्याला है
जिसे पीते जाना है
थोड़ी मिठास थोड़ी कड़वाहट
बस सहते जाना है
दूध–सी सफ़ेद सुकूनियत
बीन्स से काले दर्द घुलाना है
कॉफ़ी तो ख़त्म हो जायेगी एक दिन
बस प्याले बदलते जाना है।

बेहद, बेपनाह, बेसबब
यूँ मशगूल हुआ तेरे ख़यालों में
कि जिसे चाह थी एक दीदार की
अब वो मुन्तज़िर भी न रहा।

आँखें

अब तो इन आँखों में सिर्फ़
सन्नाटा है
इश्क़ का मेला तो....कब का
ख़त्म हो गया।

बहुत दूर है ...मैं और तुम

वो सुनसान अकेली पहाड़ी पर
जब चाँद की सफ़ेद रोशनी पड़ती है
जैसे पुलकित हो उठती है वो
उसकी चमक देख के लगता है
धूप की तपिश में शीतलता आ गयी हो
मेरी खिड़की से
दोनों कितने क़रीब दिखते हैं
जब चाँद छिप जाता है पहाड़ी के पीछे
तो एक जिस्म दो जान हों जैसे
लेकिन हक़ीक़त कुछ और है
दोनों बहुत दूर हैं
देख तो सकते हैं
छू नहीं सकते
पा नहीं सकते
बिल्कुल वैसे
जैसे मैं और तुम।

अगर

न यह चाँद की चमक महसूस होती
न समझ पाती इसकी तनहाइयाँ
न चाँदनी की चीरती रोशनी समझती
न समझ पाती दो दिलों की जुदाइयाँ
अगर...तुम न होते।

यह कैसी कशमकश है

न आँसू बह सकते हैं
न लफ़्ज़ों से कह सकते हैं
यह कैसी कश्मकश है
साथ रहकर भी सदा
हम पास नहीं रह सकते
सब शाश्वत है फिर भी
ख़्वाबों के महल सजाये
ऐ ज़िन्दगी तूने यह कैसे क़िस्से
बनाये
न जा पाऊँगी न रोक पाऊँगी
यह कैसी कश्मकश है
साथ रहकर भी सदा
हम पास नहीं रह सकते हैं।

थोड़ा नमक रखें

दिल के बहने पर थोड़ी नज़र रखें
ज़रूरत को ज़रूरत भर रखें।

अब वो ज़माना नहीं के दिल को
एक किताब की तरह खोलकर रखें।

रंग–ए–शौक़ की बेरंग दुनिया है ये
अपने सफ़ेद रंग को थोड़ा समेट कर रखें।

सबके अपने ख़्वाब अपनी अलग रंजिशें हैं
आप अपने स्वादानुसार थोड़ा नमक रखें।

ख़्वाहिशें

बादलों सी मचलतीं ख़्वाहिशें मेरी
कभी पिघलतीं कभी बरसतीं
कभी हवा का झोंका ले चलता
भगाता, गुदगुदाता फिर हौले से
रुकवाता
कभी भागते हुए पर्वतों से टकरातीं
घनघोर घटा–सी बरस जातीं
फिर उठतीं फिर बनतीं
और यूँ ही मचलतीं ख़्वाहिशें मेरी।

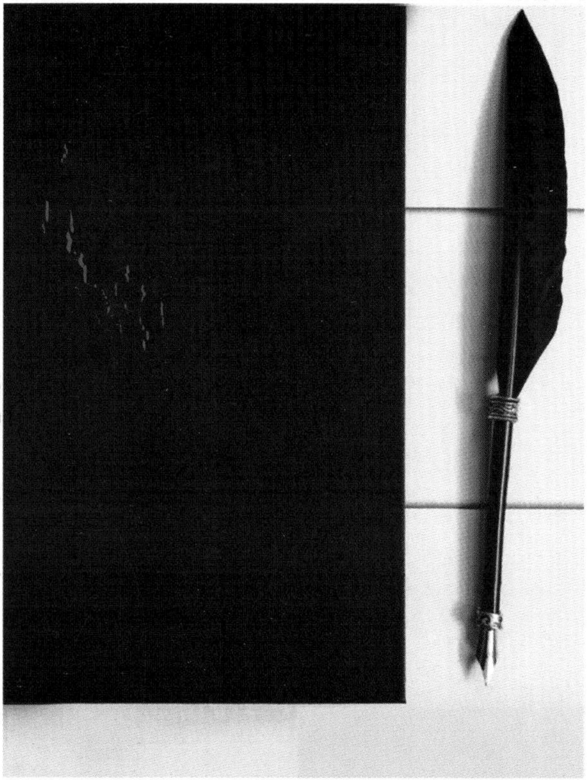

समझो तो

समझो तो
इस क़लम की बेबसी
जो आँसू लिखना नहीं चाहती
और तुम
इसको ख़ुशी लिखने नहीं देते

बस भी करो अब
दर्द बयान करना
यह कागज़ रोते नहीं
और तुम
इसे हँसने नहीं देते।

किताबें

शेल्फ़ पर रखी किताबों से हैं हम–तुम
अथाह बातें समेटे हुए ख़ुद में
फिर भी कुछ न कह सकते
और न सुन सकते
ऐसे तो सिर्फ़ निहारते हैं हम–तुम
लेकिन कभी–कभार
एक छुअन हो ही जाती है
जब कोई तुम्हें पढ़ के रख देता है
ग़लती से ही सही
मेरे पास
तुम्हारी जिल्द मेरी जिल्द से
टकराती है
उस पल पढ़ लेता हूँ तुम्हें

एक पल के लिए
और लगता है जैसे
पूरा हो गया हर ख़्वाब, क़िस्से
अधूरी अजनबी–सी बातें
और एक हो गये अब हम–तुम।

हर्फ़–दर–हर्फ़ तुम्हें पढ़ता गया
परत–दर–परत तुम और नये लगे।

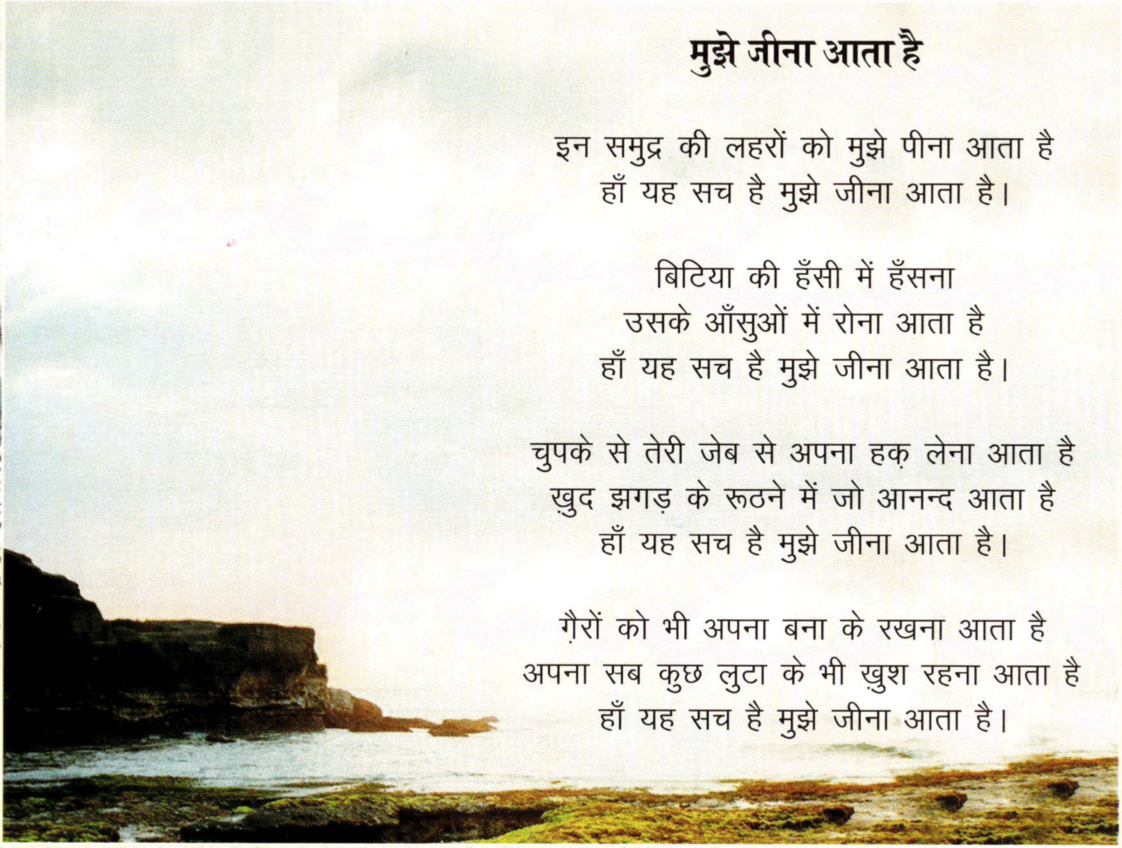

मुझे जीना आता है

इन समुद्र की लहरों को मुझे पीना आता है
हाँ यह सच है मुझे जीना आता है।

बिटिया की हँसी में हँसना
उसके आँसुओं में रोना आता है
हाँ यह सच है मुझे जीना आता है।

चुपके से तेरी जेब से अपना हक़ लेना आता है
ख़ुद झगड़ के रूठने में जो आनन्द आता है
हाँ यह सच है मुझे जीना आता है।

ग़ैरों को भी अपना बना के रखना आता है
अपना सब कुछ लुटा के भी ख़ुश रहना आता है
हाँ यह सच है मुझे जीना आता है।

एक तुम ही तो थे

एक तुम ही तो थे
हाँ...थे
अब नहीं हो
कैसे समझाऊँ दिल को
हाँ....थे
अब नहीं हो।

तेरे सिवा

जब भी आँखें बन्द कर
इस हवा में गुम हो जाता हूँ
तेरे सिवा बस ख़ुद को
और सिर्फ़ तुम्हें सुन पाता हूँ
मुझे ज़िन्दा होने की आस दे
और ख़ुद को ख़ास बताता हूँ
अंश हूँ मैं तेरा ही
तुझको माँ बतलाता हूँ
काश! समझ पाता तुझे पहले
अब फ़ोटो से मन बहलाता हूँ।

मुझमें और आईने में
फ़र्क़ सिर्फ़ इतना है
मैं बोल देती हूँ
वो चुप रहता है।

वो शख़्स

वो शख़्स जो फेरता था सर पर हाथ
जो बिन कहे समझ जाता था मेरी बात

वो शख़्स जिसका मैं अक्स था
आज भी मुझे उसपे फ़ख्र था

वो शख़्स जो रहता था मेरे जहाँ में
आज वो हिस्सा है उस आसमाँ में

वो शख़्स जो रोशन करता था हर समाँ
आज बस शान्त टिमटिमाता है हमनवाँ।

आओ जीते हैं

आओ चलो
इस बेफ़िक्री–सी शाम में
रख के किनारे यह दुनियादारी के
क़िस्से
छाता लेके बारिश में
यूँ ही पैदल
छप–छप करते हुए
एक चाय पीते हैं
थोड़ा–सा ही सही
आओ जीते हैं।

नहीं देखा किसी ने

नहीं देखा किसी ने
तुम्हें छुप के
मेरी खिड़की से जाते हुए
काश! कोई देख ही लेता
शायद समझ पाता तुम्हें
कैसे चिपक के रो रहे थे तुम
मेरी गोद गीली कर दी थी
अपने तमाम गुनाहों से
जो तुमने किये थे
उन ज़ालिमों को ख़ुश करने के लिए
उनके अनगिनत सपनों के लिए
कोई ग़लती नहीं थी तुम्हारी
तुम्हारी सिसकियाँ अब भी गूँज रही थीं

मेरे गीले दामन में
मैं...बस मैं उन्हें समेट पायी
इस बात का सुकून था तुम्हें
इसलिए चले आते थे दो पल
मेरी गोद में...सब कुछ भूल के
लेकिन नहीं देखा किसी ने ये
कि ज़िन्दा रहने के लिए
साँसें एक जिस्म में हों ज़रूरी नहीं
कभी–कभी दूसरे जिस्म में बसती हैं
जैसे तुम्हारी मुझमें...लेकिन
नहीं देखा किसी ने।

ज़रूरी नहीं
मेरे शब्द ही सब बयाँ करें
मेरी आँखें भी बहुत बोलती हैं
समझ सको तो बातें हों।

कोरा कागज़ पूछ रहा है

कहाँ रह गये इतने दिनों से
एक बार तो हाल पूछ लो
कुछ कह दो अपने मन की
भले ही मेरी न सुनो
यह जो तुम्हारी स्याही...गुदगुदी करती है न
लगता है जैसे...लौट आया मेरा बचपन
यूँ ही खेल लिया करो न
गाहे–बगाहे दो पल के लिए ही
मुझे भी महसूस हो
कि मेरा भी वजूद है
छोटा ही सही
हाँ मैं भी ज़िन्दा हूँ तुम्हारे शब्दों से।

काग़ज़ का दर्द

काग़ज़ के दर्द सिर्फ़ क़लम जाने
शब्दों को सिमटे सौ अफ़साने
न कह पाये ख़ुद से कुछ
सिर्फ़ समेटना जाने।

मेरा चाँद

अब मेरा चाँद झाँकता नहीं
इन पाम ट्री के पत्तों से
हौले–हौले
चुपके से
अब सीधे निकल आता है
साफ़–साफ़
अब वो बड़ा हो गया है।

चाय और हम-तुम

जब हम...तुम और...
गर्म ख़यालों वाली चाय होती है साथ
तुम्हें अपने हाथों में लिए
परत–दर–परत पलटती हूँ
हसीन लगते हो तुम
कई बार तो पढ़ा है
इन लम्हों को जिया है
फिर भी
हर बार
वही एहसास...वही छुअन
वही अधूरी प्यास...
यूँ ही आ जाया करो एक चाय पे
गाहे–बगाहे...ठण्डक पहुँचाने
मेरे साथ कुछ वक़्त बिताने।

बहुत सोचते हो

एक बार जी भी लो यह ज़िन्दगी
ज़िन्दगी भर तो मरे ही हो
ऐ जाना, सच में
बहुत सोचते हो तुम

लगा लो जिसे गले है लगाना
कल को बन न जाये वो अफ़साना
देखो ये पल भी न चला जाये
सच में बहुत सोचते हो तुम

छूट रही ये ट्रेन भी
अब तो रोक लो उसे
उस बार भी तो न रोक पाये थे
जाना, बहुत सोचते हो तुम।

ऐ जाना

आ भी जाओ एक बार को
ये चादर की सिलवटें सीधी कर लूँ
थक गयी हैं ये भी मुड़े हुए
जब से गये हो
इनको सीधा ही नहीं किया
उसी में सो जाती हूँ हर रात
तुम्हारी ख़ुशबू जो आती है।

जब बात नहीं होती

दिन तो गुज़र जाता है बस रात नहीं होती
ऐसा होता है जब तुमसे बात नहीं होती
ये रात तो चली आती है बस साँझ नहीं होती
ऐसा होता है जब तुमसे बात नहीं होती
ख़ुद से ख़फ़ा रहती हूँ आईने से आँखें चार नहीं होतीं
ऐसा होता है जब तुमसे बात नहीं होती
करती हूँ कुछ सोचती हूँ कुछ बस बावली नहीं होती
ऐसा होता है जब तुमसे बात नहीं होती
तेरे इर्द–गिर्द रहती मेरी रूह भी मेरी नहीं होती
ऐसा होता है जब तुमसे बात नहीं होती।

काश! इन सर्दियों की तरह तू अक्सर हो
एकाध ही बार मुझमें तू मयस्सर हो
ठण्ड से कँपकँपाती उँगलियों की जो छुअन हो
गर्म–सी मेरे तू परस्पर हो।

दिन बन जाये

तेरे से कुछ पल बात बस हो जाये
एक चाय पे तेरा बस साथ हो जाये
तू रहे मैं रहूँ...चाहे तस्वीरों में
फिर भी सच है मेरा दिन बन जाये।

एक सदा–सा ही व्हाट्सएप आ जाये
गुज़रते हुए बस तू प्यार से मुस्कुराये
तू रहे मैं रहूँ...चाहे काग़ज़ी पन्नों में
फिर भी सच है मेरा दिन बन जाये।

तू आता है और...
बारिशों–सा बरस जाता है
मैं पत्ते पर बूँद–सी ठहर जाती हूँ
तू जब जाता है
रेल–सा गुज़र जाता है
और...मैं
पटरियों–सी थम जाती हूँ।

एक तस्वीर खींचनी है मुझे
ऐसी जिसे मैं छुऊँ
तो तुम बोल पड़ो
वो सब कुछ
जिसे तुम न कह पाये
थोड़ा जी लूँ मैं भी
थोड़ा–सा तुम भी
फिर
कोई आये तो
तस्वीर हो जाओ।

मुश्किल भी नहीं था

दो क़दम जब मैंने बढ़ाये तो तेरा
एक बढ़ाना
इतना मुश्किल भी नहीं था
जो वक़्त ख़ामोशियों में क़ैद किया
ख़ुशनुमा यादों को साथ गुज़ारना
इतना मुश्किल भी नहीं था
अब तो हर लम्हा भी थक गया
मंज़िल जो एक थी दो पल साथ चलना
इतना मुश्किल भी नहीं था
देखना एक दिन याद करोगे, तड़पोगे
लेकिन आज एक बार मुस्कुराना
इतना मुश्किल भी नहीं था।

दोस्ती दिवस

आज बस एक कमी रही
वो बचपन का टूटा हुआ झूला तो था
बस पीछे से धक्का देके
झुलाने वाला नहीं था
आज सिर्फ़ हर तरफ़
बिखरे अल्फ़ाज़ थे
सन्देशों से भरे मोबाइल थे
लेकिन अहसास नहीं थे
कोई स्पर्श नहीं था
आज दोस्ती दिवस था।

चुपके से

मेरे डायरी के पन्ने में
हाँ! यूँ ही चुपके से मुस्काओ
जिसे लिखूँ मैं और
सिर्फ़ तुम समझ पाओ
हर कहानी एक कविता में
चुपके से समा जाओ
जिसे पढ़े ये जहाँ
और तुम जी जाओ
हाँ...यूँ ही चुपके से...
एक दिन आ ही जाओ।

यह वक़्त है

ख़ुद को सँभालने का यह वक़्त है
दिल, जिगर और यह जान सख़्त है
उठो, आओ, बैठो इस आसन पे
कुछ और नहीं ये तुम्हारा तख़्त है।

यह समाँ भी बदलेगा हौसला रख
बन्द कर दे बेबसी के दरवाज़े
आ, ज़ोर लगा एक और क़दम बढ़ा
इस बार तुम्हारा वक़्त है।

वो दिन

वो दिन गये जब...
तुम और मैं...आप हुआ करते थे।

10:10 (pm) की मुस्कुराती सूइयों पर
एक–दूसरे को सुना करते थे।

एक कसक थी, इन्तज़ार था
यूँ ही बन्द आँखों से मिला करते थे।

अपनी ही दुनिया बसा रखी थी
हँसी सपनों को सिला करते थे।

आज भी हम हैं ...अब बूढ़े हो गये
अब चुपके–चुपके जिया करते हैं।

अब वो दिन है...
जब तुम और मैं...हम हुआ करते हैं।

धुन्ध में लिपटी ज़िन्दगी

धुन्ध में लिपटी ज़िन्दगी
बस धीरे–धीरे जा रही
न साँसों की क़द्र है
ये बातें उसको खा रहीं
सिर्फ़ यादें रह जायेंगी
अब सफ़ेद चादर छा रही
रोक सको तो रोक लो
मेरी आख़री आह बुला रही।

माना के बहुत ख़ास हूँ मैं
ज़िक्र हर बार ज़रूरी भी नहीं
लेकिन एक कमी–सी रह जाती है
अहसास के बिना।

मेरे मज़ार पे

आ ही जाना मेरे मज़ार पे एक दिन
और दो फूल चढ़ा जाना
के जीते जी तो आ न सकी
एक बार इश्क़ न दिखला सकी
अब तो बन्धन तोड़ जाना
मेरी रूह से तेरे जिस्म का
हाँ...आ ही जाना मेरे मज़ार पे
एक दिन...बस एक पल के लिए।

हमेशा

ह से हक़ीक़त में तुम
म से मेरे हो गये
श से शमशान की राहों तक
और ऐसे
हमेशा के लिए हो गये...मेरे तुम।

जो भी हो कुछ तो प्यार का रंग
इस चाँद पर भी चढ़ता है
तभी वो शरमा के सफ़ेद से नारंगी
हो जाता है।

वो अजनबी था मगर

वो अजनबी था मगर अपना बना
के चला गया
दिल में अपना एक महल बना के
चला गया
ऐसी भी क्या ज़बरदस्ती दूसरे के
दिल–ओ–ज़मीन पे
वो मेरी ही रूह को किरायेदार बना
के चला गया
वो अजनबी था मगर...

फ़ासला ज़रा–सा था
उसके शब्दों से मेरे दिल के
रास्ते का
ये फ़ासला ज़रा–सा था
वो न कह सके जो सुनना था
तय न हो सका ये फ़ासला
खरा–सा था

दिल की लौ

मैं अकेले जल रही
तुम्हारी हसीन यादों में
दो बूँद लाल आँसू बहाये
इन रगों में तुम्हें समाये
एक आस लिए
एक झोंका बनके ही सही
तुम छू जाओगे मुझे
और...धुआँ बनके
हम एक हो जायेंगे।

माउथ फ़्रेशनर

माउथ फ़्रेशनर से हो तुम
ओंठों से लगते ही...
रिफ़्रेश कर देते हो
दिल को, दिमाग़ को
पनप रहे हर जज़्बात को
कैप्चर कर देते हो।

मेरे मालिक

ऐ मालिक
सपनों से ही सही यूँही जुड़ा रहे
तेरे दर आऊँ न आऊँ
मेरे मन में तू खड़ा रहे
चाहे तुझे छू न पाऊँ मैं
मेरी साँसों में तू बसा रहे
बस इतनी–सी गुज़ारिश मेरी
अब मेरा अंश न फँसा रहे।

तू बर्फ़ की चादर–सी
मैं पहाड़ों–सा तुम्हें यूँ...ओढ़ लूँ
चाँद–सी शीतल चाँदनी में
आ तुझे थोड़ा पढ़ लूँ
ठहर गया हूँ सर्द रातों–सा
तुझे आग सा सीने में कढ़ लूँ।

ऐ सुबह
तू यूँही मेरे क़रीब रहना
बन जाऊँ मैं शान्त नदी
तू हवा–सा बहना...

सात से साथ का रिश्ता

जो सात घण्टे साथ रहते थे
जो सात जन्मों के वादे करते थे
जहाँ सात घण्टों में भी बातें अधूरी रहती थीं
जहाँ सात क़दम भी दूरियों से लगते थे
आज वक़्त का तक़ाजा कुछ ऐसा है
जब मिले सात दिन बाद
सात मिनट की बातों के भी शब्द नहीं थे
न दूरियों के शिकवे थे
न ही साथ रहने के वादे
सात सालों के रिश्ते
सात दिन के मौन से
सात कोस दूर हो गये।

देव दिवाली

इन दीयों से भरी रोशनी में
रंगों से भरी रंगोली में
दूर से झाँकते चाँद में
मेरी, ओमी की मुस्कान में
घण्टियों के शोर में
रात, दिन से भोर में
हर जगह थे तुम
सबके बीच में गुम
आख़िर...
इस देव दिवाली
तुम आ ही गये।

प्रिय पाठक,

मेरी पहली कोशिश आपके हाथों में है और आप इसके आख़िरी पन्ने पर हैं। पहली रचना को महत्त्व देने के लिए दिल से आभार।

अगली रचना **'घास-फूस का बँगला'** (लघु कथा संग्रह) जल्दी आपके हाथों में होगी।

नम्रता शाह दुबे 'नैमी'

आपके प्रतिक्रिया/सुझाव की प्रतीक्षा में...

nammy27@gmail.com